AF312508

SUCCESSION DE M. BATTA

Ancien Violoncelliste de Sa Majesté le Roi des Pays-Bas

CATALOGUE

DES

TABLEAUX

Anciens et Modernes

ŒUVRES IMPORTANTES DE COROT

AQUARELLES, DESSINS

INSTRUMENTS DE MUSIQUE

Pendule, Bronzes, Porcelaines, Objets d'étagère

Dont la Vente aux Enchères publiques aura lieu

A VERSAILLES, RUE STE-VICTOIRE, 4

Au domicile de M. BATTA

Les LUNDI 1er et MARDI 2 DÉCEMBRE 1902

A DEUX HEURES PRÉCISES

Commissaire-Priseur : Me **MAURICE TABOURDEAU**

9, rue Sainte-Geneviève. Versailles

Successeur de Me MARQUIS

Expert pour les Tableaux : **M. GEORGES PETIT**

12, rue Godot-de-Mauroi. Paris

EXPOSITIONS

PARTICULIÈRE : Le Samedi 29 Novembre 1902, de 2 h. à 4 h.

PUBLIQUE : Le Dimanche 30 Novembre 1902, de 2 h. à 4 h.

SUCCESSION DE M. BATTA

Ancien Violoncelliste de Sa Majesté le Roi des Pays-Bas

CATALOGUE

DES

TABLEAUX

Anciens et Modernes

ŒUVRES IMPORTANTES DE COROT

AQUARELLES, DESSINS

INSTRUMENTS DE MUSIQUE

Pendule, Bronzes, Porcelaines, Objets d'étagère

Dont la Vente aux Enchères publiques aura lieu

A VERSAILLES, RUE STE-VICTOIRE, 4

Au domicile de M. BATTA

Les LUNDI 1er et MARDI 2 DÉCEMBRE 1902

A DEUX HEURES PRÉCISES

Commissaire-Priseur : Me MAURICE **TABOURDEAU**

9, rue Sainte-Geneviève. Versailles

Successeur de Me MARQUIS

Expert pour les Tableaux : **M.** GEORGES **PETIT**

12, rue Godot-de-Mauroi, Paris

EXPOSITIONS

PARTICULIÈRE : Le Samedi 29 Novembre 1902, de 2 h. à 4 h.

PUBLIQUE : Le Dimanche 30 Novembre 1902, de 2 h. à 4 h.

CONDITIONS DE LA VENTE

Elle sera faite expressément au comptant.

Les acquéreurs paieront 10 p. 100 en sus du prix d'adjudication.

L'Exposition mettant le public à même de se rendre compte de l'état des objets, il ne sera admis aucune réclamation, une fois l'adjudication prononcée.

Les vendeurs se réservent la faculté d'intervertir les numéros du Catalogue.

ORDRE DES VACATIONS

Le **Lundi 1er Décembre** : Les Tableaux.

Le **Mardi 2 Décembre** : Le surplus des objets compris au présent Catalogue et ceux non catalogués.

Les Catalogues se trouvent :

A Versailles, chez Me TABOURDEAU, rue Sainte-Geneviève, n° 9;

A Paris, chez M. PETIT, rue Godot-de-Mauroi, n° 12.

DÉPARTS DE PARIS { *Saint-Lazare : 1 h. 05 direct.*
Montparnasse : 12 h. 05 ou 1 h. 15.
Invalides : 12 h. 38.

TABLEAUX

CHEVALLIER (?)

1. — *Un Intérieur flamand.*

Signé à gauche, en bas : C. B. M.

(Toile. — H. : 0,31 ; L . : 0,24.)

COROT

2. — *Matinée de printemps* (Environs de La Rochelle).

Au premier plan, tout émaillée de fleurs, une verte prairie dans laquelle plusieurs femmes sont arrêtées.

A gauche, un bouquet d'arbres dont les contours élégants se profilent dans le ciel azuré ; au fond à droite, coiffées de toits de tuiles, quelques maisons blanches, premières constructions de la grande ville encore enveloppée des brumes du matin.

Au ciel courent de transparentes nuées.

Signé à gauche, en bas.

(Toile. — H. : 0,35 ; L. : 0,46.)

Donné par Corot à M. Batta, à Ville-d'Avray.

COROT

3. — *Le Chemin du bois.*

A droite, au pied d'un léger tertre sur lequel poussent de grands arbres aux rameaux touffus, une route serpente ; un homme coiffé d'un bonnet

rouge, chemise blanche, suit le sentier, regagnant
le prochain village, tandis que le ciel se dore des
premiers rayons du soleil couchant.

Signé à gauche, en bas.

(Toile. — H. : 0,40 ; L. : 0,25.)

Donné par Corot à M. Batta, à Ville-d'Avray.

DETAILLE (E.)

4. — *Chasseur à cheval.*

Il est vu de profil à gauche, la cartouchière en
bandoulière, coiffé du shako à plumet, jugulaire
au menton ; le coude gauche est appuyé sur la
hanche.

Au flanc gauche, cachant le sabre à la poignée
de cuivre, un sac à fourrage garni. Le chasseur
est monté sur un cheval bai-brun avec harnache-
ment de campagne.

Signé à gauche, en bas, et daté 1875.

(Toile. — H. : 0,46 ; L. : 0,36.)

Donné par le général Appert à M. Batta.

DUPRÉ (Attribué à)

5. — *Une Clairière en forêt.*

Au premier plan, deux chênes vigoureux se
profilent énergiquement sur le ciel bleu où courent de gros nuages blancs.

Un troupeau de bœufs et de vaches, que gardent
des enfants, paît l'herbe rare du sol.

(Panneau. — H. : 0,30 ; L. : 0,51.)

ÉCOLE HOLLANDAISE

6. — *Portrait d'homme.*

Il est vu de face, vêtu d'une grande robe noire, en collerette d'étoffe blanche à plis, la main droite croisée sur la poitrine.

De la main gauche il tient un livre dont les pages ouvertes reposent sur une table recouverte d'un tapis rouge.

A droite, au milieu, daté 1644, et au-dessous : *Ætat* 50.

(Panneau. — H. : 0,28; L. : 0,23.)

FRANCIA

7. — *Une Ville de Hollande.*

Signé à droite, en bas : 1836.

(Toile. — H. : 0,28; L. : 0,43.)

GOSSELIN (CHARLES)

8. — *Paysage en Normandie.*

Signé à droite, en bas, avec cette dédicace : « A mon ami Batta. »

(Toile. — H. : 0,34; L. : 0,41.)

HAMIC (EUGÈNE)

9. — *Souvenir du Bosphore.*

Signé à droite, en bas.

(Toile. — H. : 0,30; L. : 0,21.)

INCONNU

10. — *Paysage.*

> (Panneau. — H. : 0,16; L. : 0,22.)

JAGELET

11. — *Marine.*

> Signé à droite, en bas, avec cette dédicace :
> « A mon bon ami Batta. »

> (Panneau. — H. : 0,23; L. : 0,31.)

MEISSONIER

12. — *Etude d'une main pour un joueur de basse.*

Un bras couvert d'une manche noire, laissant passer une chemise blanche, porte une main dont les doigts agiles tiennent l'extrémité d'un archet. Etude pour le portrait de M. Batta.

> Signé à gauche, en haut : M. E.

> (Toile. — H. : 0,11; L. : 0,13.)

Etude pour le tableau exposé au Salon de 1841 et faisant partie aujourd'hui de la collection de M. Krafft. — N° 865 du catalogue de l'Exposition Meissonier.

NORMAND SAINT-MARCEL

13. — *Le Labourage.*

> Signé à gauche, en bas.

> (Panneau. — H. : 0,18; L. : 0,40.)

PARKER

14. — *Tête de femme.*

> Signé à gauche, en haut, avec cette dédicace :
> « A mon ami Batta. »

> (Toile. — H. : 0,47 ; L. : 0,36.)

VERWEE

15. — *Patineurs sur un canal en Hollande.*

> Signé à gauche, en bas : VERWEE, avec cette
> dédicace : « A mon ami A. Batta. »

> (Panneau. — H. : 0,21 ; L. : 0,25 1/2.)

AQUARELLES

BEUMONT

16. — *Une Rue de village.*

> Signé à gauche, en bas, et daté 48.

> (H. : 0,24; L. : 0,43.)

BLÈS DAVID

17. — *Marquise Louis XV devant une psyché.*

> Signé à gauche, en haut, et daté 52.
> Aquarelle rehaussée de gouache.

BOLDINI

18. — *Le Fumeur lisant.*

Il est vu de profil à droite, assis dans un fauteuil Voltaire, en perruque, vêtu d'un justaucorps à raies blanches et bleues.

> Signé à gauche, en bas. Au verso : Esquisse à la sépia.

> (H. : 0,20; L. : 0,18.)

CHAVET

19. — *Dans l'Atelier.*

> Signé à droite, en bas : V. C.

> (H. : 0,17; L. : 0,12.)

CHEVALLIER

20. — *Intérieur flamand.*

> Signé à gauche, en bas, et daté 1835.

> (H. : 0,24; L. : 0,18.)

DETAILLE (Edouard)

21. — *Officier de Mobiles en 1870.*

Il est vu de face, tenant de la main droite une canne.

Botté de cuir, le revolver en bandoulière, il étend le bras gauche dans un geste de commandement.

A droite, en bas, la dédicace : « A mon ami Batta; souvenir affectueux. — Edouard DETAILLE, 1879. »
Au verso, la lettre d'envoi de Detaille à M. Batta.
Sépia rehaussée de gouache.
Etude pour le tableau : *En reconnaissance.*

(H. : 0,22; L. : 0,16.)

FORGÈS

22. — *Paysage.*

Au premier plan, un champ vallonné couvert de gazon.

Au fond, à gauche, une ligne d'arbres se profilant sur le ciel.

Signé à droite, en bas.

(H. : 0,22; L. : 0,28.)

GÉRICAULT

23. — *Cheval percheron.*

Il est vu de profil à droite, collier autour du cou, la tête légèrement penchée vers le sol.

Signé à droite, en bas.

(H. : 0,22; L. : 0,26.)

HOPPENBRYAN

24. — *Le Moulin à vent.*

Signé à droite, en bas, et daté 52.

(H. : 0,14; L. : 0,21.)

INCONNU

25. — *Bateau à voile.*

(H. : 0,13; L. : 0,21.)

INCONNU

26. — *L'Hiver.*

(H. : 0,14; L. : 0,10.)

INCONNU

27. — *Une vieille Rue dans les Flandres.*

Sépia.

(H. : 0,19; L. : 0,16.)

INCONNU

28. — *Paysage.*

(H. : 0,13; L. : 0,19.)

ISABEY

29. — *Dans la Porcherie.*

Sur le sol fangeux d'une étable, au pied d'une
muraille blanche où est accrochée une lanterne,
une truie noire allaite ses petits.

Au fond, à droite, une barrière de bois vermoulu.

Signé à droite, en bas, et daté 1847.

(H. : 0,23; L. : 0,20.)

LAMI (Eugène)

30. — *Au Bivouac.*

Signé à gauche, en bas.

(H. : 0,07 ; L. : 0,09.)

MADOU

31. — *Le petit Savoyard.*

Signé à droite, en bas.

(H. : 0,11 1/2 ; L. : 0,08 1/2.)

MADOU

32. — *Reître Louis XIII.*

Signé au milieu, en bas : Par MADOU.

(H. : 0,17 ; L. : 0,10 1/2.)

MARCHETTI

33. — *Les Suites d'un bal masqué.*

Signé à droite, en bas, avec cette dédicace :
« Hommage à M. A. Batta. »

(H. : 0,20 ; L. : 0,15.)

ROCHUSSEN (Charles)

34. — *Le Château du Loo.*

Dans le pavillon de droite, on aperçoit les
fenêtres de la chambre occupée autrefois par
M. Batta.

A gauche, en bas, une dédicace : « A Alexandre

B.itta ; souvenir d'amitié. Signé : Charles ROCHUS-
SEN, le Vieux Loo, mai 1873. »

(H. : 0,24 ; L. : 0,34.)

TEN KATE (HERMANN)

35. — *Le Violoniste au repos.*

A droite, cette dédicace : « Souvenir affectueux
à M. Batta. »

Signé à gauche, en bas, et daté : Château du
Loo, mai 76.

(H. : 0,14 ; L. : 0,18.)

VAN HAVE

36. — *La Couture.*

A droite, en bas, cette dédicace : « Souvenir
d'amitié à A. Batta. »

(H. : 0,17 ; L. : 0,14.)

VERLEN

37. — *Une Rue en Hollande.*

Signé à gauche, en bas.

(H. : 0,14 ; L. : 0,10.)

VERWEE

38. — *Port à Rotterdam.*

Signé à droite, en bas.

(H. : 0,10 ; L. : 0,21.)

DESSINS

BOLDINI

39. — *La Chaise à porteurs.*

> Dessin à l'encre de Chine sur papier crème.
> Signé à droite, en bas, et daté 1875.

> (H. : 0,23 ; L. : 0,22.)

BROWNE (Henriette)

40. — *Tête de Mauresque.*

> Dessin à la sanguine, rehaussé de gouache, sur papier bleuté.
> A droite, en bas, on lit : « A M. Batta ; souvenir affectueux. »

CHINTREUIL

41. — *A l'Orée du bois.*

> Dessin au crayon, rehaussé de gouache, sur papier chamois.

> (H. : 0,14 ; L. : 0,21.)

Comtesse DE DAMPIERRE

42. — *L'Hiver.*

> Signé à droite, en bas, et daté 71, avec cette dédicace : « Souvenir au plus aimable des amis, A. Batta. »

DELACROIX

43. — *Femme touareg à cheval.*

> Elle est vue de profil à droite, la tête couverte d'un capuchon, tenant de la main droite les rênes

d'un cheval fougueux, dont les pieds égratignent le sol.

Signé à droite, en bas. A gauche, cette dédicace :
« A son cher Batta. — Angerville. »
Dessin à la plume sur papier crème, donné par Berryer à M. Batta.

(H. : 0,25 ; L. : 0,32.)

DELACROIX

44. — *Lion à la Tortue.*

Signé à droite, en bas. A gauche on lit : « Angerville, 17 octobre 57. »
Dessin à l'encre de Chine, rehaussé de lavis.

(H. : 0,19 ; L. : 0,24.)

DELACROIX (Eugène)

45. — *Panthère furieuse.*

Elle est vue de profil à gauche, la gueule ouverte, les ongles crispés sur le sol, assise sur son train de derrière.

Signé à droite, en bas, avec cette dédicace :
« A A. Batta ; petit souvenir reconnaissant pour le plaisir qu'il m'a fait à Angerville, mai 74. »
Dessin au crayon sur papier blanc.

(H. : 0,17 ; L. : 0,22.)

DELACROIX (Eugène)

46. — *Paysage.*

Dessin à l'encre de Chine, rehaussé de lavis.

Signé à droite, en bas, du rébus :

(H. : 0,13 ; L. : 0,20.)

DELACROIX (Eugène)

47 et 47 *bis*. — Deux dessins à la plume :

1° *Arabe tenant un cheval.*

Daté : Angerville, 1861.

2° *Cheval au galop.*

Daté : Angerville, 1862.

FROMENTIN

48. — Deux dessins dans un même cadre.

Nos 413 et 219 de la vente.

GALLAIT

49. — *La Mort de l'Enfant.*

Signé à droite, en bas, et daté 51, avec cette dédicace : « A mon ami Alexandre. Souvenir d'une vieille amitié. »

GALLAIT

50. — *La Jeune Mère.*

A droite, en bas, on lit : « A mon ami Alexandre Batta. »
Dessin au crayon sur papier blanc.

GÉROME

51. — *Un Romain en prière.*

Signé à droite, au milieu, avec cette dédicace :
« A son ami Batta. »
Dessin au crayon sur papier gris.
Au verso, la lettre d'envoi.

HÉDOUIN

52. — *Le Diable.*

Signé à gauche, en bas.
Dessin à la plume, rehaussé de lavis.

LANTA

53. — *Paysage.*

A droite, on lit : « A mon ami Batta, novembre 1835. »
Dessin au crayon, rehaussé de lavis.

LELEUX

54. — *Homme et Enfant.*

Dessin au crayon sur papier chamois.

MEISSONIER

55. — *Le Polichinelle lisant.*

Dessin à la sanguine.
N° 866 du catalogue de l'Exposition Meissonier, mars 1893.

(H. : 1,15 ; L. : 0,47.)

MEISSONIER

56. — *Portrait de Mlle J. S...*

Une fillette assise, vue de face, tenant étroitement serrée dans ses mains une poupée.

Dessin du tableau faisant partie de la collection de Mme Steinheil.
N° 867 du catalogue de l'Exposition Meissonier.

MEISSONIER

57. — *Une Rixe.*

> Petit croquis à la plume, sur papier calque, du tableau : *La Rixe.*
> N° 868 du catalogue de l'Exposition Meissonier.

MEISSONIER

58. — Deux Esquisses au crayon :

> 1° Au recto : *Esquisse d'homme;*
> Signé à gauche, en bas.

> 2° Au verso : *Esquisse au crayon.*

MEISSONIER

59. — Six Esquisses.

> Dessins au crayon.

NAIEN

60. — *Femmes,* trois figures.

> Dessin au crayon sur papier chamois.

REGNAULT (H.)

61. — *Fauves,* quatre dessins dans un même cadre.

> Timbre de la vente.

ROYBET

62. — *Jeune Page.*

> Signé à droite, en bas.
> Dessin à la mine de plomb sur papier blanc.

> (H. : 0,24; L. : 0,24.)

VERBŒCKHOVEN

63. — *Les Chèvres.*

Auprès d'un abreuvoir, une chèvre blanche, avec un chevreau couché à ses pieds, s'apprête à boire.

Signé en bas, au milieu, avec cette dédicace : « A l'ami A. Batta, 1840. »
Dessin à la plume sur papier blanc.

(H. : 0,12 ; L. : 0,18.)

VERBŒCKHOVEN

64. — *Les Moutons.*

Trois moutons mérinos, dont l'un est couché, stationnent auprès d'une barrière en planches où est inscrit : « Eug. Verbœckhoven, 1839, à son ami A. Batta. »

Dessin à la plume sur papier blanc.

(H. : 0,12 ; L. : 0,18.)

65. — Sous ce numéro seront vendus les Tableaux, Aquarelles et Dessins non catalogués.

OBJETS DIVERS

INSTRUMENTS DE MUSIQUE

PETIT VIOLONCELLE

Attribué à Antonius AMATI (1633)

Acheté à Maëstricht, par le père de M. Batta, vers 1810

AUTRE VIOLONCELLE

De Charles JACQUOT

TRÈS BEL ÉTUI EN ACAJOU

(BOITE A VIOLONCELLE)

ARCHETS

4 excellents Archets, dont 2 de TOURTE

PIANO A QUEUE D'ÉRARD

ACCORDÉON

BRONZES

GRANDE STATUE EN BRONZE

(DIANE CHASSERESSE)

D'après l'Antique

Don de S. A. R. le Prince d'Orange à M. Batta

LA MUSIQUE

Statuette en bronze d'après l'Antique (haut. : 0,55 cent.).

De chez Barbedienne.

L'IMPROVISATION

Statue en bronze, de Duret (haut. : 0,55 cent.).

Don du maréchal de Mac-Mahon

JOLIS PETITS BRONZES — STATUETTES

Presse-Papier

CANDÉLABRES — LUSTRES HOLLANDAIS

PORCELAINES

ET OBJETS D'ART

2 très beaux Vases en émail

Epoque LOUIS XIV

CURIEUSE PENDULE

Bronze et porcelaine (Eléphant et Chinois)

De GIRARD

VASES EN PORCELAINE

(MONTÉS SUR BRONZE)

SUCRIER ET POT A CRÈME

EN PORCELAINE DE SÈVRES

(Don de Lamartine à M. Batta)

---

2 GROUPES EN BISCUIT DE SÈVRES

Sur supports bois sculpté

PLUSIEURS PIÈCES

En Chine, Saxe, Sèvres et Porcelaines diverses

OBJETS DIVERS

PETIT COUVERT DE GOUTER

EN ARGENT

Ayant appartenu à MARIE-ANTOINETTE

SUPPORT DE PUPITRE A VIOLON

En bois sculpté

GRANDE MÉDAILLE EN OR

Montres — Chaînes — Epingles, etc.

ET QUANTITÉ D'OBJETS D'ÉTAGÈRE

En Ivoire — Porcelaine — Jade — Terre cuite

PROVENANT DE CADEAUX

VERSAILLES. — IMP. AUBERT 6, AVENUE DE SCEAUX